Cuando llegues
Carlos Cortés García-Moreno

Colección Baños del Carmen

Carlos Cortés García-Moreno

Cuando llegues

EDICIONES VITRUVIO
Colección Baños del Carmen,
nº 1020

www.edicionesvitruvio.com

Primera edición, 2024

© Ediciones Vitruvio
C/ Menorca, nº 44
28009
Madrid
Tlf: 91 573 21 86

ediciones vitruvio, nº 1. 678
ISBN: 978-84-128946-4-6

LA BENDICIÓN DEL INSOMNE

Los griegos hablaban de la verdad como revelación, es decir como una operación consistente en ir retirando velos. Si lo hacemos, uno puede encontrar tesoros que estaban desaparecidos.

Pienso que la escritura de poesía tiene con frecuencia esa intención. Un poeta escribe en primer lugar para conocerse y solo después escribe para los demás, especialmente para sus allegados. No le preguntéis si lo hace con gusto. Lo hace porque no puede dejar de hacerlo.

Se trata de un proceso sin final. Vamos quitando capas y más capas, vamos alcanzando cotas de profundidad, pero no sabemos si conseguimos descubrir el núcleo. Debemos conocer, comprender cada vez más y juzgar cada vez menos. Tenemos instrumentos para eso. En el corazón de las cosas se produce un encuentro significativo.

El niño que fui me espera. Yo converso con él y le consuelo. Este mensaje, verdadero y sencillo, puede leerse en este libro, porque su autor sabe que llegar hasta él, hasta el niño que portamos, es alcanzar la meta que nos estaba vedada, es limpiar tanto polvo que cae, tantos acontecimientos que se suceden, tantos caminos laterales que estorban. Allí al final, está él, casi sin darnos cuenta, sin mirarnos al espejo.

Con este rumbo precisamente, seis años después de que viera la luz su primer libro, *Aprendiendo a estar quieto,* Carlos Cortés nos entrega esta segunda obra titulada de forma sugerente *Cuando llegues.* El hombre, uno y múltiple, esperando al niño que envejece, al anciano que desanda el tiempo, porque en esa madeja estamos todos unidos en una hermandad prescrita, en una convivencia inevitable a la que podemos otorgar un sentido u otro.

Cortés nos conducirá con sus pasos por los caminos de la cordillera que ha horadado. Algunas veces se le humedecerán los versos. Otras, se apoyará en los hitos fundamentales, en los acontecimientos que no necesita contar pero que dan verdad a su poesía. Quien los conoce y lee con atención, recibe una emoción extra, pero quien no los conoce puede aproximar los textos a su propia trayectoria. Vale la pena, nos dirá Carlos en un soneto, al fin y al cabo vivir es sobrevivir, llegar a ser yo, sin mérito alguno para eso.

Esperará mientras tanto a que el silencio le lleve de la mano hasta su presente, se refugiará en la meditación sin alejarse de los otros, repasará su comprensión social (ya lo hacía en el otro libro) y se apuntará al seguimiento del rabí de Nazaret, a su perseverancia, como un discípulo que hablase arameo en nuestro siglo.

La obra trascurre así por derroteros propios, nos lleva tras sus pasos con una voz personal que resulta grata y a la vez perturbadora. Nos entran ganas de llamar por teléfono a algún amigo y decir en voz alta: Te llamo para que leas estos poemas de Carlos...

Y nosotros, sus lectores, seguiremos la voz de los poetas en la tierra, pensando que mientras haya poesía, y estemos en condiciones de leer, no importará la vigilia impuesta de las madrugadas.

José Félix Olalla

Cuando llegues

UN DÍA LOBO

Al dar la vuelta al recodo de diez lustros
la mitad con suerte de un caminar agradecido
siéntate un rato entrañable
hay cosas que aún no te he dicho

Cómo no compartir los secretos del alma
a la luz de la hoguera quedamente
la tarde está cayendo y tengo ganas de temblar de intimidad
hay sueños que aún no me has contado

Hemos vivido tantas alegrías
hemos compartido mesa y música
hemos hecho también sin duda alguna
de un garito una capilla
de un monte un hogar
de un sendero una esperanza…

Y cuando miró la muerte y sus cuchillas
besaban las mejillas de la niña
queriendo hacer presa en carne viva
ahí estuviste tú para mirarnos
con pie firme y aliento de consuelo
amiga, amigo

El lazo que nos une sin palabras
qué mejor equipaje que no pesa
para andar por la vida otro ratito
qué tesoro de amable ternura
échate otra caña, tómate otro café,
quédate un rato más, pequeñas cosas
y entenderse con sólo mirarse

déjame decirlo otra vez
despacio y saboreando:
amiga, amigo

TODOS TUVIMOS ALGUNA VEZ DIEZ AÑOS
[y nos despertamos con ganas de ser buenos]

Tu ternura me arropa como manta
de flores. Comba que vibra al saltar
jugando con otros ángeles tiernos
corazones en chanclas a disfrutar

Cuando duermes tu rostro se vuelve paz
de luna. Hermanada con los pocos
niños que entretejieran sueños, mares
reposando inocencia, amor y mocos

Como pez en el agua vives, nadas
el presente te envuelve cual toalla
(el azul del verano tan intenso)
tus pies grandes andando por la playa

Ir por la vida de estreno musical
sin culpas, sombras ni tontas tristezas
ligera de verdad como el jilguero
vestida de primera, ríes, rezas

Eres del airc, dcl agua, del cielo
del Dios y Diosa Madre, de la rueda
del tiempo. Que la senda amanezca
verde y clara, en tu propia vereda

MADRE

Siento la nostalgia de los días azules de la infancia
tus manos son dos palomas que agitan las alas
dónde se habrán ido
los dibujos aquellos, la colección de minerales
las damas de los domingos por la tarde

Necesito el bocadillo de pan y chocolate
y saberme seguro en tu regazo
dime la poesía de Rubén Darío
que nunca nos cansábamos de escuchar

Añoro aquella vida sencilla de niño
que aun flota en las ventanas, en los pucheros y en el aire
que tienen algunos armarios de tu casa

Vuélveme a arropar y a darme un beso
que sabes lo que siento si me miras
abro aquella caja de tesoros y golosinas
y está tu imagen en el interior

VALE LA PENA

Sobrevivió de bruces al invierno
al crudo, frio, gris invierno oscuro
chocaba el diente contra el hielo duro
atravesamos juntos el averno

Sobrevivimos a aquel trágico infierno
de enfermedad tajante como un muro
que tú sanaste con tu ser tan puro
y con manos de cirujano tierno

Pronunciaste su nombre que era el nuestro
y un día luz de sol ha amanecido
terminó para siempre el mar siniestro

con sus olas de agua embravecido
dando gracias al único Maestro
vale la pena haber sobrevivido

AFANES PROCELOSOS

Escribes la fecha y ya quedó detrás
comienza a nevar en Madrid, tímida
la nieve se deshace sin vestir las calles
sin regalar los guantes púberes...
Flotan en el aire versos ligeros como copos
de lirismo, imágenes, aromas

Doscientas personas saltan ansiosas vallas
altas, afiladas, impertérritas, crueles
más preocupadas de flotar en el estrecho
que de afanes procelosos de poeta.
Al lado de las penas de un ser
alto, analfabeto, negro y asustado
nació Jesús hasta el año que viene

A los grandes almacenes les gusta la Navidad
y llenamos nuestros hogares de más posesiones
que llamamos bienes sin saber si lo son
si nos hacen bien o nos ocupan sitio
en los armarios abarrotados y lo que es peor
en el corazón

Cómo ser metafórico, elevado, armonioso,
escribiendo caliente sobre el frío ajeno
cómo llegar al alma de la nieve
cómo estar dentro de ella
cómo ser mismamente una nevada
para vestir de blanca paz al mundo
o acaso, sí mejor, a algún prójimo

Se te escapa la nieve que no cubre el asfalto
sin haber hecho apenas
alguna buena rima, profunda y musical

no cuajarán en tu piel
las cuchillas afiladas de las vallas disuasorias
es que la sangre hermano, es muy escandalosa
con su tinte de rojo entre la blancura

Las fronteras, las concertinas
que los ricos ponemos para seguir llenando
nuestras casas de regalos.
Y envuelto también, en pesebre apestoso,
encontraron al pequeño milagro
que sonríe.

PRESENCIAS

Me paro en el puente de Juan Bravo
a contemplar el alma de las calles
en el frío gris de la tarde de enero enamorada
árboles desabridos de hojas, hermosos en su desnudez
gorriones tiritando píos a las bicicletas
majestuosos edificios y amplias avenidas
el instante mágico en que caigo en la cuenta
de que un pequeño mortal sobrecogido de belleza
soy yo. He llegado a ser yo sin ningún mérito en ello
pero también por mi suerte de vivo
estremecido de emoción y de dicha

La tenue luz invita a la melancolía
más allá de Colón y alumbra todo
edificios de bronce y acero, azoteas donde ensueñan
embajadores, abogadas, secretarias, parados
gentes que caminan detrás de sus quehaceres
y sobre lo demás, dulce y alada
la tenue luz que es

Debo ser un tipo raro, al que pensar en la muerte
en medio del camino de la vida
le da alegría de vivir;
un día no estaré aquí tan servicial
con mi afán de protagonismo
mis ganas de agradar y versos que no riman

Parado en el puente
sintiendo que la felicidad se me echa encima
como quien extiende una sábana o un mantel
y todos los muertos familiares que me pueblan

a quienes, como a mí, nadie recordará dentro de poco,
me repiten lo mismo, cada quien con su tono y su sonrisa:
disfruta ahora

A RAIZ DE BIOGRAFÍA DEL SILENCIO

A Pablo d'Ors

Para guardar silencio hemos venido
el meditar alumbra las entrañas
despejando de ruidos la sesera
quitando al corazón las telarañas

En el ruido en que vivo me paseo
del ayer al mañana como un loco
debiera haber hecho esto o haré luego
culpa, deber, también angustia un poco

Solo con respirar me pacifico
yo quiero ser más bien mirando nubes
un perdedor de tiempo ensimismado
que no sabe si bajas o si subes

En la paz del silencio me descanso
escuchando los ojos de los otros
abierto a lo que venga bien sonrío
sin motivo aparente como un bobo

Esperar suavemente a que el silencio
me traiga de la mano hasta el ahora
pues una sola cosa es la importante
y el vano afán sonoro la devora

SONETO DE LA MUJER DEL CARPINTERO

Dedicado a Alicia Fuertes

Quisiera ser ligero caminante
que lleva el corazón desabrigado
sentirte de la mano, niña, al lado
estrenar la mañana en el semblante

Sonreír a la vida quedamente
que las penas fangosas pesen poco
estar enamorado como un loco
¡fuera chatarrería de la mente¡

Amor, amigos, luz y en la mesilla
tener a mano un vaso de presente
una caricia tuya en el embozo

Dar gracias al brotar de la semilla
del milagroso fruto de tu vientre
que pasó haciendo el bien, sembrando gozo

DÉJAME

Déjame amarte lento
con el brillo en tus ojos
como el turista mira la ciudad nueva
con la ilusión de un niño cumpleañero

Déjame amarte a sorbos
en algunos momentos
con tu cara de niña, al abrir la ventana
estrenar cada día una sonrisa franca

Déjame amarte un rato
como loco, a deshora
asomarme anheloso al quicio de tu alma
y tener mismamente el tacto de los ciegos

Déjame amarte luego
también en despoblado
con la melancolía del medio de la vida
compartir las tristezas, las penas y las nubes
besarnos con el agua mojándonos el rostro

Déjame amarte siempre
envejecer contigo
y un día si es que noto tal vez tu cuerpo frío
cerrarte al fin los ojos
o que tú me los cierres, si es que notas
tal vez mi cuerpo frío

SONETO A UN TIPO MEDIO

A veces los trabajos se parecen
a la lucha sin cuartel por el dinero
afanes por llenar el monedero
de algunos tan truhanes que estremecen

A veces los productos que te venden
los anuncian con cosas que no tienen
abres la caja y ves que no te vienen
ni el amor ni las mechas que lo encienden

Y cuando la cultura que ahora impera
es de sudor, de lucha y competencia
¿Por qué ha de ser así? ¿Dónde lo pone?

Se puede ser feliz sin ser la pera
Trabajar en el error y en la paciencia
ser un tipo mediano, y no Al Capone

EN MI FAMILIA

Mi familia tiene maletas cargadas de esperanza
vestidos de recuerdos vaporosos
zapatos de andar por libre y pies de ángeles
gafas de ver de lejos a la hermana
risas y llantos repartidos en cajas de cartón
de nuestra historia juntos

En mi familia almacenamos pocos objetos inservibles
pero guardamos besos y abrazos como oro en paño
hacer acopio de ellos abriga el corazón
en los días oscuros de tristeza

Entre nosotros a veces se produce un milagro
y nos unimos con lazos y aromas de ternura
en torno a una comida, a una canción o a un rito
van amores con pan multiplicados
sepa usted que eso ocurre en todas las familias

En mi familia oiga, como en la suya, hay celos
rivalidades nimias, sin mucho fundamento
y son los gritos como la comida que se agria en la nevera:
una pena

Entre los nuestros hubo porcelana preciosa
que casi se nos rompe al poco de estar viva
y cuando lo recuerdo, relativizo todo
y estalla en mil pedazos, ahora sí, la luz, en mi familia

LEKEITIO

Lekeitio por la mañana
es un cuadro de verdes y de celestes lares
la belleza del instante sobrecoge
estalla suavemente espumas y pinares

Se mueven los barcos, las olas, las gaviotas
yo fui un delfín un día, en los salados mares
llevo a un niño en el lomo cuando sueña
prendado de lo bello de vascuences hogares

A VECES

A veces llegas cansada de quehaceres y ruido
telefónicamente hablando
y reposas tus cuitas y tu frente en mi hombro
pidiéndome consejo, atención o cariño
mirándome a los ojos

A veces me despisto, me voy por las alturas
se me atragantan miedos, fantasmas, ansiedades
y tú los desmoronas dándole paz al niño
asustadizo y trémulo

Algunas veces vamos por el mismo camino
andando de la mano, no me sueltes,
que sueño las canciones que te digo al oído
te velo el rostro limpio de musa

No encuentro las palabras de dicha
y de consuelo. Amor, de estar contigo
se nos hicieron grandes las niñas y los árboles
apartamos las ramas de la melancolía
y solos frente al mar nos vino un viento frío
que llamaba al abrazo y al abrigo del otro

Una certeza iluminó como llamarada
será sólo el querer lo que nos sobreviva
lo demás será olvido

A MIS HIJAS

Miro y remiro las fotos de cuando erais niñas
que el tiempo despacio va haciendo lejanas,
amarillas, distorsionadas, grisoscuras,
antiguas como discos de vinilo...

Aquellas sonrisas felices y días azules
reflejan un aire que reposa, sin miedo ni rencillas
teñido de esperanza y de ternura
lazos blancos, caricias y polvos de talco

Uno no sabía que aquello acabaría
porque no ocurre de pronto
sino que se aleja despacio en la mar
hasta que no se distingue el horizonte
largos días de verano que parece que no terminan

Y un buen día los juguetes, los dibujos, los cuentos,
los peluches y las sonrisas de niñas confiadas
se han ido

HOSPITAL

En el sitio aquel del niño con mayúsculas
entrelazados y en desconsuelo ancho de mar
con las entrañas en los ojos de la que se cegaba

Traigo a la memoria aquella luz de verano
el olor a formol y las visitas
el qué pasará, los informes, qué será de nosotros, por qué caminos
nos llevará la vida en sinsentidos después de aquellos rayos

Los árboles del gran parque vistos tan distintos
de cuando éramos vírgenes de la pena
y tan iguales también, grandes, majestuosos

Tu tío que murió al poco de cáncer
diciéndonos "saldremos adelante"
los días azules detrás de las cristaleras de los calvos, de las calvas
todos hermanados por el mismo lazo que era más bien soga

El calor tierno de la benjamina
feliz roce y dulzura, ajena al drama
y, sobre todo, se me humedecen los versos
de recordar aquel abrazo lloroso cuando más se nos iba
nunca te he querido tanto

CARCAJADA CÓSMICA

Primavera en ciernes en el Retiro
la belleza exuberante de los árboles
anclados a la vida y en su lugar
para abrir la sensibilidad al ahora
son un cuadro de verdes en
mecidos, remecidos, adornados llamando a la paz

La gratitud y el abandono de uno
con el inmenso espejo de la naturaleza
y cada paso y cada vez que miras
fluye una instantánea impresionista de felicidad
que corean diferentes notas
que se repiten de rama en rama
saludando el oído de quien se para a escuchar.

Flores, hojas, colores, cantos, consciencia
de la inmensa suerte de existir
de no necesitar más que pan y agua
de querer y ser querido
de la plenitud del Reino.

Con el aroma de pino y de tierra húmeda
llamando al niño de pies planos que fuiste
acariciando tus satisfechas entrañas de renovado oxígeno
sin preguntarte qué es trigo y qué cizaña
acariciando sólo, sin miedos que se agrandan cuando los miras.

Y sin embargo, siempre hay un "sin embargo"
seres humanos que se ahogan en el agua por llegar a ese trozo de
                    pan
palestinos e israelitas tantos años matándose
Maduros que destrozan paraísos
rusos ciberjodiéndonos, el calentamiento global

y una variedad de países inmensa
habitada por corruptos, aprovechados, tontos con redes sociales
sin saber quiénes son los buenos ni los malos
hasta que madres ven morir a sus hijos en sus brazos amorosos.

Un solo niño muerto de hambre o asesinado
son dos progenitores marcados de por vida
tocados de pensar que podría ser tuyo
estremecidos por el fracaso de la humanidad.
Y sin embargo, dulce amig@ que caminas a mi lado
el mal no me es ajeno, no es algo que veo en los otros
en la sociedad o en Epulón

El absurdo del sufrimiento
para acabar todos en el mismo sumidero
la relatividad de todo según avanza imparable el tiempo
no empaña en nada la belleza de aquí y de ahora;
el instante para gozar del presente
una oportunidad que está ahí a cada segundo
y la bondad triunfa al cabo

LA TERTULIA DE LA CASA DE ÁVILA

A mi maestro, Jose Félix Olalla

Era una tarde de Otoño
nos juntamos a leer
poesías, rimas, luces
ilusiones del querer
Castellanos de ambos sexos
talludos de blanca sien
con arrugas en los trajes
y en la mirada también

pocos y sin esperanzas
de mucho libro vender
de alcanzar fama o fortuna
al poemas componer

Sin embargo cada uno
iba abriendo por doquier
palabras, soplos de vida
esperanzas y placer

Y así sin mucho boato
escuchando enaltecer
versos tan emocionantes
como en un amanecer

En los estrechos salones
recuerdo que atisbé a ver
como un Belén de poetas
nada más queríamos ser

ES UN COMIENZO

Frágiles somos que cada día
al más leve soplo de viento
cambia nuestro corazón sus emociones
sube y baja, quita y pon, sumas y restas

Vuela el melón loco
detrás de rumiar merodeantes
y al poco de la dicha
se viene doña ansiedad
tirando hacia abajo de los pliegues del alma

Fea eres, te conozco de antaño
y te pavoneas en quien te hace caso
¿A qué tanto presumir si eres tan falsa, malévola y dolosa?

Basta mirar afuera, a la luz del presente
a los colores vivos de las rosas
basta escuchar los trinos y silencios
dejar pasar la loca saltimbanqui
y bienvenida seas, paz te llamas
en los ojos del otro, en su sonrisa
en la caricia amable de un ¿Qué tal tu día?
y el sol en la cara por otro rato nos gobierna
dando calor en el centro
dando vida a quien a amar se asoma

BENDICIÓN DEL INSOMNE

La poesía como música del alma
afinar el instrumento de la palabra
para llegar a iluminar los rincones enmohecidos del corazón
y provocar quizás un ligero estremecimiento
sintonizar con la magia de lo inefable

Acariciar lo que ves, dibujar su armonía
cualquier paisaje donde el presente nos lleve
tocar las teclas con alegre son
para rememorar fiestas de amor y de esperanza
que la vida nos pone en el camino

Poesía como luz y sendero
que recorrer paciente y laborioso
tienes una palabra que decir
que es solo tuya, que nadie va a decir por ti
otros escribirán las suyas igual de valiosas
de emocionantes, de musicales

Todos tratando de hacer salir el sol sobre la niebla
con paso incierto y torpe

Escribir como estado de ánimo
como bendición del insomne

MUERTO

Estaré muerto, definitivamente
unos párpados cerrados para siempre
un día seré cadáver, eso seguro
El ataúd será pues mi lecho duro

Y casi todo el mundo alrededor mío
seguirá con sus afanes, yo vacío
seguirán a sus quehaceres y su vida
algunos míos sentirán la partida

Un día habrá *game over* también para ti
que recordabas mi nombre en tus plegarias
y te harás cadáver pasto de la tierra

Seremos nada o será Dios el puerto
lo que habrá más allá nadie lo ha contado
Oscura noche infinita la del muerto

FRESNEDILLAS

El niño que fui me espera subido
al árbol joven en la calle nueva
es luz de abril y luce primavera
el mundo vegetal, enhiesto, erguido

Allí en melancolías escondido
pasa soñando y el amor eleva
su mirada hacia el cielo y la vereda
y al primer beso en labios que ha vivido

Ese niño que fui me mira ahora
con aquella ternura y desamparo
de lágrimas de vida abrumadora

Ya converso con él y le consuelo
con los brazos abiertos le propongo
que baje y que me abrace desde el suelo

DISLATE

Echar en saco roto unos poemas
haber amado tanto para nada
saberse un alma en pena enamorada
y querer incendiar todas las penas

Eran dulces las noches de verbenas
ahora besos al aire en madrugada
es tu ausencia una cruz tan bien clavada
cantar ya para nadie por las venas

Y no sé cómo odiarte, bien quisiera
dar abrazos al aire es mi destino
malgastar la ternura que te tuve

Sueño que todo vuelve a ser como era
y la infancia acurruca un desatino
ahora que el amor baja y nada sube

VETE QUEMANDO LAS NAVES

Si quieres, haz la maleta el martes que el miércoles
a las seis en punto te recogeré, donde tú ya sabes
si quieres, traerás como las americanas, unas deportivas
en la mochila, para incendiar con tu porte las calles
iremos a pasear al Retiro, nuestros labios hablarán
el lenguaje mudo del cariño por entre los árboles

Nos mirarán con envidia, que la ternura
no nos cabe en el cuerpo, todos los viandantes
el estanque será un pequeño charco
comparado con el tamaño de nuestra dicha
te daré mi corazón calefactable
me darás si quieres, si te atreves, el tuyo sin envoltorios, a tu estilo
yo te diré mi amol de chinapadel
iremos a Valdebebas a cenar, "ya tú sabeh"
y la traca final, de pirotecnia emocional, de nuestra alegría
podrá verse desde Alcobendas y San Sebastián de los Reyes

Pensaremos, entre abrazos y risas, que no importa de dónde
                              vengas
de dónde venga, que valió la pena llegar hasta aquí, sólo por esta
                              tarde
vete quemando pues, vete quemando las naves

DESPUÉS DE ANDAR A LA DERIVA

Volver a ser un niño enamorado
con la ilusión del "todo por delante"
después de estar meditabundo, errante
a tu nobleza astur encadenado

Habitar una casa sin terraza
asomado al balcón de tu mirada
dulces pasan las horas y salada
es tu boca almidón sin amenaza

Compartir a Jesús en lo profundo
encontrar el lugar de una hora menos
y volver a flotar ebrio de espuma

De tus ojos marrones vagabundo
eres la luz de pensamientos buenos
se disipa en tu sol aquella bruma

VOLVER A LOS DIECISIETE UNA PRIMERA VEZ

Me habían dicho, que las lágrimas trocarían en sonrisas
mas es difícil ver el sol cuando llueve, así son los desamores
y de repente te apareces sencilla, dulcemente tú
y eras el tesoro escondido, la perla de gran valor

En el otoño las hojas vuelven a los árboles
se levantan del suelo milagrosamente
y del amarillo se pasan al verde tierno
floreciendo mi corazón antes reseco
gracias a la luz que irradia tu mirada
me veo así, adolescentemente encendido

Primaverea Noviembre cuando en Mayo nevaba
una tacita de amor me desayuno
fértil, fecundo, evanescente, nuevo
entra la luz hasta el fondo de mi
y barres balsámicamente viejas cicatrices
con esas manos suaves y hacendosas
lo buscamos tantas veces amiga peregrina
nos lo hemos merecido

FLUIR

Ese señor atento y barrigudo
se volvió vaporoso, espuma, mar salada
todo blando, algodón de azúcar
empalagoso, acaramelante

Me he licuado, soy sin huesos, mantequilla
soy un líquido aceitoso dulce y nuevo

Mientras dura el paraíso, digo no puede ser
y es, es ahora
fluyo irradiante, inasible, loco
loco de amor, amante,
y soy fluido y como tal me derramo

FAMOSO

Y un día ser famoso
llegar a ser un escritor de renombre
que mis paridas importen a la gente
tener libros traducidos a veinte idiomas
con el éxito subido a la cabeza
ser dadivoso hasta la obscenidad
tener danzando alrededor hermosuras
de poco seso y rostros operados
volar en avión privado
malgastar el caviar y el talento
derrochar sin reparar en reparaciones
tener un alto concepto de Carlos Cortés
planificar mi no envejecimiento
escucharme con devoción petulante
altivo, vanidoso, pagado de mi
no mirar los ahorros ni las cuentas
tener mesa en sitios que estén llenos
ser VIP, creerme VIP, gustarme mucho
que la gente se calle cuando hablo
que se hagan selfies conmigo por la calle
que me inviten a conferencias y a saraos
que no pare de sonar mi móvil
que tenga un representante y un chofer
qué pretensión, ser famoso
idolatrado como un diosecillo fatuo
de poca monta

EN LA CARA B

Dulce bombón de chocolate blanco
amiga de los pobres y mendigos
nunca sabré cómo sería mi suegro
pero seríamos buenos amigos

Unidos en amor, eres chiquilla
delgada, hermosa, fina y educada
a los cincuenta años, jovencilla
y con esa sonrisa tan salada

Si me tocó la lotería contigo
y me salen los versos casi solos
así como lo siento te lo digo

Bailemos a la luz de las estrellas
lo que queda del día será nuestro
segundas partes siempre fueron bellas

2018

¿Quién salvará al mundo de Trump?
¿Quién de Corea del Norte?
¿Quién explicará al musulmán
que los terroristas no pasan el corte?

¿Quién hará entender a un catalán
que es mejor que lo aborte
y que comparta su pan?
pongámonos a hablar de algo que importe.

¿Será la Gran Bretaña un país del continente?
la humanidad camina dando tumbos
se explica bien algún Papa valiente
los coches autónomos marcarán nuestros rumbos

¿Quién entre sunníes y chiitas
les explicará que son iguales
como se parecen los camboyanos a los vietnamitas?
Todos hermanos y fundamentales

HENCHIDO

Cómo de noche está la noche
y cómo de poesía tiene este aire
de luna, de primavera pálida
que se respira, de tibieza y de recuerdos
de otras noches de amores anteriores

Sal a ver el "ahora" vestido
de traje de espuma y novedad
sal conmigo a ver cómo de amor
nos respiramos

Qué olores de ayer te trae este festín
de brotes de vida en las ventanas del corazón
vente conmigo a bañarnos en abrazos
a descubrir cómo se respira fuera
en las lindes del otro

Color inesperado para marzo
El Pardo florecido de jara y de retama
los pájaros exultantes de trinos
sentir la primavera en cómo huele
el gozo de estar vivo
y respirar profundo de plenitud
y agradecimiento

ÍNDICE

Ediciones Vitruvio

Últimos libros publicados:

Las flores del mal, de Charles Baudelaire

En mi cuaderno de viaje, de Carmen Maga

Declaración jurada, de Manuel E. Castillo

Siempre Domingo, de Pascual García

Escribir Silencio, de José A. Alfonso

Ciento cincuenta voltios, de David Alberti

Que nada se olvide, de Álvaro Fierro Clavero

Ayer es mañana, de José Elgarresta

Y ahora sorpréndeme, José Ramón Silva

Playa sin mar, de Eduardo Crespo

El mar mientras duerme, de Santiago Gómez Valverde

Madame Podeva, de Natalia Ruiz-Poveda

El hombre que alimentaba su alma, de Sergio Macías

A la tarde, de María Paz Otero

La ingravidez que somos, de Antonio Ríos

La ilusión del indulto, de David Minayo

El vigor, de Leonardo David Segado

Balcones azules, de varios autores

Música Rusa, de William Jonhsnton

El lenguaje del número, de Juan Pedro Carrasco

Doce voces, una voz, de Jaume Mesquida

Memoria del frío, de Ricardo Ruiz

Acceso a la vida, de María José Pérez Grange

La fama pregonera, de Jesús Mauleón

Equipaje de momentos, de Carlos Guerrero